# सुहाना सफर जीवन का

## अनुभवों का गुलिस्तां

अनामिका नरेन्द्र सिंह

BookLeaf Publishing
India | USA | UK

Made with ❤ on the BookLeaf Publishing Platform
www.bookleafpub.in
www.bookleafpub.com

# Dedication

यह कविताओं का संग्रह नहीं है , यह भावनाओं का संग्रह है । जीवन की इस यात्रा में बहुत से ऐसे पल थे जो काफी कठोर और असहनीय रहे । यह संग्रह उन भावनाओं के नाम जो हर पल मेरे साथ चले हैं और केवल शब्दों में व्यक्त किए जा सकते थे ।

मैं अपनी पहली पुस्तक अपने पापा को डेडिकेट करती हूं जिन्होंने हर कदम पे मेरा साथ दिया , मेरे हर फैसले चाहे वो ग़लत हीं क्यों ना हो में हमेशा मेरे साथ खड़े रहे और आगे बढ़ते रहने को प्रोत्साहित करते रहे । थैंक्यू पापा !!

# Preface

यह कविता संग्रह मेरे बेचैन मन मन की व्यथा है । यह एक स्त्री के संयम , संघर्ष और सफलता की अभिव्यक्ति है । जीवन यात्रा के हर पड़ाव को मैंने जैसे जीया है उसे क्रमबद्ध तरीके से प्रस्तुत करने की छोटी कोशिश की है ।

इन कविताओं की पंक्तियां मेरे दिल के बहुत करीब हैं । जीवन कठोर है । शायद सभी के लिए नहीं । हर व्यक्ति की जीवन यात्रा अलग होती है । शायद कविता संग्रह की पंक्तियां उनके जीवन से काफी अलग हो पर आप इसे लेखक की लेखिनी के रूप में जरूर पढ़ें - यह मेरी आग्रह है ।

आशा है यह कविता संग्रह पाठकों को थोड़ी देर के लिए दिल के किसी कोने में अपनी सी लगे - इस छोटी सी प्रयास की यही पूर्णता होगी ।

अनामिका नरेन्द्र

# Acknowledgements

मैं तहेदिल से आभार व्यक्त करती हूं Book leaf Publishing का जिन्होंने हम जैसे बिल्कुल नये लेखकों को एक उम्मीद के साथ -साथ एक अवसर दिया है अपनी लेखनी को लोगों तक पहुंचाने का । Book leaf Publishing ने मेरे सपने को पूरा किया है । बहुत बहुत धन्यवाद ।

मैं आभार व्यक्त करना चाहती हूं सभी पाठकों का जो मेरी कविता को पढ़कर एक स्त्री के संयम , संघर्ष और सफलता को समझ पाएंगे और इन कविताओं के जरिए कहीं ना कहीं दिल में छुपी अपनी भावनाओं को स्पर्श भर भी कर पाएंगें तो

मुझे खुशी होगी।

अनामिका नरेन्द्र

# 1. उन्मुक्त बचपन

खुशियों का बागीचा महकते हुए
खिलखिलाता बचपन चहकते हुए,
ना सुरज की तपिश, ना गर्मी की लूं
ना बूंदें बारिश की , ना ओस सर्दी की
कुछ भी उत्साह ना रोक पाता
दिल करता मैं उन्मुक्त हवा में उड़ जाऊं

कोई टोक , ना बचपन सह पाता ।
एक पल खेले , एक पल झगड़े
फिर हाथ मिला लिपट जाते
अच्छे -बुरे का भेद-भाव नहीं

कौन बड़ा कौन छोटा है , ये भी तो कुछ
ज्ञात नहीं।।
वो फुल , वो तितली के रंग
मन में गुदगुदी कर जाती थी,
बचपन की चंचल बारिश
सिर्फ बचपन को हीं भिगाती थी ।।

# 2. यौवन

निर्मल मन और दृढ़ निश्चय का अंक लिए
ढेरों ख्यावों के पंख लिए
यौवन को दस्तक देती हूं, खुले आसमां
को कातूरता से देखती हूं,
कलम की मजबूती बढ़ी , हौसलों की
चुनौती बढ़ी
किताबों की गहराई बढ़ती गयी , डिग्री
की पायदान चढ़ती गई

भविष्य का नया सुरज दिखने लगा

पुरस्कारों से मेरा सुरज थोड़ा तेज
चमकने लगा
सिर गर्व से उठाना शुरू किया , सपनों
को अब पन्नों पे लिखना शुरू किया
सपनों के साथ सारे रिश्ते नाते जाग गये
उम्र और रिति - रिवाजों का गणित घर
के शुभचिंतक बन नाप गये
पिता का दृढ़ संकल्प समाज के आगे
झुक गया
प्रतिभा अब शादी के गठबंधन में मुड़कर
रुक गया
सपनों के पंख अब सिर का आंचल बन
सिर ढक गया ।।

# 3. असमंजस मन की

## असमंजस मन की

नयनों में गागर भरकर , मानों सागर
छलकाती है
मौन स्वीकृति से सपनों को धोकर पिता
का आंगन लांघ जाती है ।
हाथ में किताबें और ऊंगली में दोपहिए
की चाबी ,
उन्मुक्त लहराती छवि थी जिसकी
आज वो हाथ में सिंधोरा लिए घर का
आंगन छोड़ जाती है

अव्वल रही , मेधावी रही उसका यहां
कोई गुनगान नहीं ।

सिर पे पल्लू , झुका सिर , मजदूर वाणी
और सुघड़ रसोई के बिना
अब उसकी पहचान नहीं ।
स्वप्न से निकल कर यह जान आश्चर्य
किया
जिसके नाम का सिंदूर लिए , जिसका
हाथ थाम वो अपना पूरा संसार छोड़
आई है ;
यहां आकर है जाना , उसके संसार की
महज वो एक इकाई है ।।

# 4. पुनर्जन्म

दर्द के समागम में जब आंखें खुलीं ,
मानों पुनर्जन्म हुआ
हर रिश्ते से ऊपर ,आज एक मां का
जन्म हुआ
अंक में खुद का अंश लिए, हमसफ़र का
वंश लिए
दर्द की आह भी नहीं निकल पा रही ,
अश्रुओं से सिर्फ वक्ष को भिगा रही
अब तक रक्त को तरल सिर्फ बहता देखा

ईश्वर की प्रकृति अब मुझे रक्त का
आकार बता रही ।

उसके रोने से अब मेरी हो रही दुनिया
गुंजायमान है
उसने नन्हे हाथ ने ऊंगली पकड़कर कहा
* मां * अब यह तेरी सर्वश्रेष्ठ पहचान है
ममत्व अब रोम रोम में समा जाती है
फिर सिर उठा कर बच्चे संग आसमां
विशाल उसे दिखाती हूं
अपने सुरज संग एक सुनहरा भविष्य
लिखने को एक नया कदम बढ़ाती हूं ।।

# 5. कौतूहल

बचपन का कौतूहल मन पे प्रश्नों की
बौझार कर जाता है
प्रश्न हीं तो हैं मासूम ये, पर मेरी पहचान
पे प्रहार कर जाता है
पूछता मुझसे - मां तू घर के हर कोने
और किनारे को पहचानती है
मां तू हर किरदार में कैसे फिट हो जाती
है ।
कभी रसोई , कभी दवाई , कभी
बागवानी, कभी सिलाई , कभी किराने
कभी बैंक, तो कभी डाकखाने , कैसे तू
हर जरूरत जान जाती है

हर किरदार निभाकर , फिर मेरी शिक्षक
बन जाती है ।।
क्या कहूं तुझे मैं, मुझे पाठ याद कराने
को तु खुद पूरी पाठ रट जाती है
मां तू तो मेरी खातिर मेरी कक्षा की ही हो
जाती है ।
शब्दों के पहले उच्चारण से लेकर जटिल
प्रश्नों का उत्तर तक तू हीं तो समझाती है
।
हर पग पे तू साथ चलकर भी तू खुद
कोई उपमान कहां सजाती है
एक प्रश्न पे ठहर जाता हूं , तनख्वाह तो
छोड़ श्रेय भी कहां तू पाती है
प्रश्न ये कचोटता मुझको , मां तू शिक्षक

दिवस क्यों नहीं मनाती हैं
तू शिक्षक दिवस क्यों नहीं मनाती हैं।।

# 6. सफल मन

खाली मन पर उसमें हौसला भरा ,
जागती रातें बच्चे को सुरज बनाने को
दृढ़ शक्ति से मजबूत हाथें , बच्चे के लिए
अब पंचतंत्र नहीं प्रेरणादायक बातें
खाली हाथों में बस स्नेह और धिसी
लकीरों का स्पर्श था
बच्चे तेरी हर कामयाबी के लिए मेरा बस
यहीं फर्ज और मुझपे एक क़र्ज़ था ।

अपनी योग्यता पूरी तरह उड़ेल दिया
तुझपे बस इस दिन के इंतजार में

अपनी सफलता देखती हूं अब तेरे
किरदार में
मां सफल कहां हुई कभी किसी अखबार
में
तेरी सफलता, तेरी ऊंचाई के चर्चे में
सिर्फ पिता हैं हिस्सेदार में
मां का आंचल बस कोर पोंछ कर खुश हैं
, खुशी मीठे खीर में हीं घुल गया
फिर से वो आकाश को देख कहती हैं ,
देखा आज मेरा सुरज खिल गया ।
बच्चे का माथा चूम कर वो कहती हैं ,
अरे , तू पुछता था ना कितना तनख्वाह
पाती है
बहुत मिलती तनख्वाह मुझको पर सबके
सुकून और तेरी आंखों की चमक लाने में
ख़र्च हो जाती है ।

एक मां को सफलता का श्रेय देने का
विधान नहीं है
माना मां के लिए कोई सम्मान नहीं है ,
पिता सिर्फ धूप में जलता है , अंगारों पे
चलता है - कहते सब यही तो रिति है
गर देखो तो मां पूरी उम्र अपने ही सपने
और सम्मान के चिंता पे जलती है ।

## 7. सुनहरी धूप

जीवन के इस पड़ाव पे , मन का आंगन
है सूखे पर्ण लिए
डगमगाती उम्र और उम्मीदों का मर्म लिए
सोच रही अकेलेपन में , क्या मन में
आज भी नूतन कली निकलती है
फिर सोचती , हां ! आज भी आंगन में
सुनहरी धूप तो खिलती है ।
मैं ही इस धूप में कहां अब ऊष्मा की
चमक देखती हूं
चलो आज इस धूप के अंदर आने को
मन की खिड़की खोलती हूं।

सुनहरी धूप ने जब छुआ मेरा आंगन ,
सुखे पर्ण भी चमक उठे , आ गयी उसमें खनक
बरसों से सोते सपने चंचल मन में रहे हैं जाग
बंधे मन और बंधे हाथ में दिख नहीं रहा अब कोई विराग
मुरझाए मन की बगिया में हो रहा नवजीवन संचार
खिली धूप की ऊष्मा से दिख रहा मन को एक नया संसार
अंधियारे कोनों में अब खिलेगा फिर गुलाब
सोच रही मैं मन में , अब नये अध्याय से फिर लिखूं अपनी नयी किताब ।।

# 8. नया रास्ता

चटक उठी भावों की कलियां भी , ढेरों
रंग बिखेर
मन के अवसादों ने भी जोश देख लिया
है चेहरा फेर
अंतर्मन की खिड़की खोल , खोले दिल
के दरवाजे फिर से
सूरज की पहली धूप से , दिखने लगी
दर्पण की धूल
धूल के नीचे से झांकती है अतीत के सूखे
फूल
धूल पोंछकर देखा तो पाया , सूखे पत्तों
में अब भी महक थी बाकी ।

महक से यादों में तरंगों का निर्माण हुआ
फिर से नायाब दोस्तों से मिलने का मन
रूझान हुआ
नये पुराने दोस्तों से एक बन फिर नया
गुलदस्ता
जीवन को एक नयी ऊर्जा , नयी दृष्टि
और नया रास्ता
ठिठक सी गई जिंदगी में आई कुछ
हरकत
ठहरी सांसों पे मानों फिर से शुरू हो गयी
धड़कन की बरकत ।।

# 9. दोस्तों का साथ

गर दिल संभल जाए तो चांदनी सुकून
देती है
गर दिल मचल जाए तो सितारे भी थोड़ा
ज्यादा चमचमाते है
मन की बेड़ियों को थोड़ा सा ढील दिया
सारी जिम्मेदारियां साथ लिए फिर से
दोस्ती का हाथ थाम लिया
ना जाने कब फिर से बचपन की कड़ियां
जुड़ने लगीं
उम्र की गंभीरता अब खुली हवा में
उन्मुक्त हो खिलने लगी ।

मन की उलझन पतंग के मांझे से
फिसलती गई
सच पूछो तो, कुछ पल बेफिक्री से जीना
अच्छा लगने लगा
खुद के लिए कुछ चुराना अब सच्चा
लगने लगा ।
बातें दोस्तों संग सिर्फ बातें नहीं थीं, वो
तो जज्बातों की बहती नदी थी।
कुछ हीं दिनों में दिलों के ताले खुलते गए
इस उम्र में भी जाने कैसे नये ख्याब बुनते
गए ।

## 10. आईना

जीवन में एक नये आईने से रूबरू हूं
उस आईने के समक्ष डटी खड़ी हूं
वो जो सिर्फ सच दिखलाता है
औरों की तरह नहीं, जो सिर्फ अपना पक्ष
बताता है ।
अब कहां चेहरे की झूर्रियां, बढ़ते झाइयों
को देखूंगी
आईना सच्चा मेरा सिर्फ दिल की थकान
बताता है
जैसे खड़ी होती हूं, सिर्फ अंदर का अक्स
दिखाता है।

अब आंख से आंख मिलाकर छूपा मेरा
हुनर बता रहा
कहता है , दुनिया से लड़ तेरा हुनर तूझे
बुला रहा ।
आत्मविश्वास खुद में जाग रहा , अब
हुनर को सिंचना है
वर्षों पहले जो छूट गया , उसे को आगे
खिंचना है
आज आईना बता रहा , जो भीतर आग
रखता है
वहीं तो निखरता और संवरता है ।।

# 11. आत्मनिर्भरता

वर्षों से लगे मन की इच्छाओं पर ताले
को तोड़ना आसान नहीं था
खुद जब रूबरू हुई तो जाना मन पाषाण
नहीं था
होती थी उसमें हलचल , उठते थे उसमें
भी अरमान कई
पर जिम्मेदारी और जवाबदेही की बोझ
से दुबक कर छुप जाता
मानों मन और मेरा अस्तित्व हो हीं नहीं ।

जुझ रही हूं कठिन असमंजस से , कुछ
भी आसान नहीं था।

सीखा था पंखों ने जहां फैलना , अब वो
आसमां भी वैसा नहीं था।
बदल चुकी है दुनिया की तस्वीर, सब
कुछ यहां नया था
पर दृढ़ संकल्प भी मेरा डटकर आज
खड़ा था ।
मेहनत और निरंतर डटकर जुझ गयी मैं
लहरों की गति से
काफी हिचकोले खाकर अब जाकर नाव
लहरों संग खड़ी है ।

अब मैं फिर जमीं पे कदम टिकाकर
देखती हूं फिर वो आकाश
मुस्कान लिए वो कहता है - तुम पे था
मुझे अटूट विश्वास।।
कभी किसी को खुश कर सकता नहीं

कोई , यह मैनें परख लिया है
अब दुनिया चीखें या कोसे , सफलता का
स्वाद भी अब मैंने चख लिया है।।

# 12. अंतर्मन का युद्ध

अंतर्मन का युद्ध है ये
खुद से और खुद के विरूद्ध है ये
घर का आंगन या बाहर की दुनिया
अंतर्द्वंद्व और संयम - जीवन प्रबुद्ध है ये ।

प्रवाह और प्रतिक्रिया खत्म ना होंगें
कभी , प्रश्न उठते रहेंगे हजार
पर तय किया है , आत्मविश्वास है जवाब
तो आत्मनिर्भरता है औजार
गर क्षमता है खुद की पहचान बनाने की
तो हिम्मत भी तो करनी थी पहला कदम
बढ़ाने की ।

अब वो जिद्द दिखाना होगा, खुद को
पहले पायदान पर लाना होगा
लाख निगाहें भले घूरते ,मन को सुदृढ़
बनाना होगा।

कभी पूछती हूं इस मन में क्यों ऐसा युद्ध
है ये
मन से मन का है पाया , फिर चाहे सबके
विरूद्ध हो ये ।।

# 13. जुगनू

रात के अंधेरे में तारे टिमटिमाते हों जैसे
धरती पे अंधेरे में जुगनू चमचमाते है
ठीक वैसे
लड़कपन में सुनते थे हम जो खास होते
हैं वो मर कर तारे बन जाते हैं
जुगनू को देख लगता है , जब रोशनी ना
मिले तो वो खुद अंगारे बन जाते हैं
सीख तो दोनों ओर हीं मिलती है ,
आकाश और धरातल पर
गर अंधेरा गहरा हो तो रोशनी की खोज
में निराश ना हो जाओ
अंदर खुद को जलाकर खुद का प्रकाश

बन जाओ ।

जब मन की थकान मन को हराने लगे
देखो जुगनूओं  के झूंड को , मिलकर
मशाल सी रोशनी फैलाती है
वो हमें जीवन का कठोर सत्य बताती हैं
गर तू खुद को जला सकेगा
तो अंधेरा कभी ना तुझे हरा सकेगा ।

उजाले की खोज बाहर नहीं, खुद अंदर
ही करना होता है
मंत्रमुग्ध मैं हो , घंटों बैठे देखती हूं
जुगनूओं को
कितना सुंदर दृश्य है ये , जीवन का
परिदृश्य है ये

सच है , खुद अंदर ही जीवन की रोशनी
और सत्य छुपा होता है ।।

## 14. जीने का मजा आने लगा है

चारों ओर खुशी के संगीत है
आंखों में नमी , अब हथेली खुली है
ना घुटन , ना सिकन ,
ठंडी हवाओं से अब सांसों में कुछ नया
सुकून घूलने लगा है
टूटा था जो भीतर , शायद फिर से जुड़ने
लगा है
स्वीकारा है जब से खुद को हर किरदार
में
सच कहूं तो जीने का मजा आने लगा है
।

गर से निकलकर जीने में
साथ कम , शिकायतें कहीं ज्यादा है
जान लिया मैंने , खुद से आंखें मिलाकर खड़े होना
गलत, सही के सोच से ऊपर उठकर
अकेले में मुस्कुराने में फायदा ज्यादा है
अब खुद पे प्यार आने लगा है
सच कहूं तो जीने का मजा आने लगा है।

अकेलापन नहीं अब खलता , मन में नयी हुड़दंग है
हर शोर अब उत्सव सा लगता , मन फिर रमने लगा है
उम्र भी अब थकने की जगह चुनौती देने

लगा है

सच में जीने का मजा आने लगा है ।।

# 15. सफरनामा

जीवन का सफर जिद्द से भरी रही
सफर ने सिखाया, हर बार मंजिल मिले
यह जरूरी तो नहीं ,
कभी धूप ने जलाया , कभी छांव ने
अपनाया
कुछ ने हाथ थाम लिया, कुछ ने हाथ
छोड़ दिया
क्या करें गिला किसी से , सभी को
खाली हाथ ही है जाना
यही तो है सफरनामा, यही तो है
सफरनामा।

हम ढूंढते रहे मंजिल, कुछ ख्याब बीच
रास्ते छूट गये
कुछ हाथ आकर भी टूट गये
खबर हीं नहीं आज भी , आखिर चाहिए
क्या था
जो भी हासिल किया, क्यों उतना काफी
नहीं था ।

आखिरी मंजिल तो खुद से खुद को
मिलाना था
मन में ढ़ेरों प्रश्न लिए, दिल में वर्षों से
अश्क लिए
अब उम्मीद है थम जाऊं मैं , मुठ्ठी में
संतोष का एक अंश लिए
रिश्ते नाते, सफलता - असफलता
सफर- मंजिल सब है एक पड़ाव पे

फ़साना

यही तो है सफरनामा, यही तो है

सफरनामा ।।

# 16. दोस्ती एक मजबूत साथ

जब सब मूंह मोड़ चले जाते हैं
तब दोस्त हाथ पकड़ ठहर जाते हैं
देखी मैंने है हर रिश्तेदारी
पर दोस्ती का पलड़ा हमेशा भारी
सच में देखा है मैंने ऐसी एक यारी
बारिश में भी जो पहचान जाए आंखों में
पानी
"ठीक हूं" के पीछे का हर दर्द पहचान
जाते हैं ।

दोस्ती एक मजबूत साथ
हंसी में हंसे और आंसू में थामें हाथ

ना कोई उम्मीद ना कोई शर्त
ना वक्त की पाबंदी , ना देखते दिन और
रात
कहां वो रखते कोई भी हिसाब-किताब।

दोस्ती कोई रिश्ता नहीं, ना हीं कोई फ़र्ज़
महतो वह भरोसा है जिसमें ना कोई क़र्ज़
सबसे बुरे वक्त में दोस्त और मजबूती से
हाथ पकड़ता है
"मैं हूं ना " कहकर गिरने से पहले बाहों में
भर लेता है ।

जीवन की सबसे मजबूत यह रिश्ता
सबसे हिस्से कहां नसीब
खुशनसीब है वो जिनके दोस्त होते हैं
करीब ।।

## 17. मैंने खुद को सम्मान दिया है

अपने टूटे सपनों के किरचों से
मैंने अपने संघर्ष को पहचान लिया है
हर ठोकर पे उठकर खड़ी होकर , खुद
का नाम बना लिया है
कोई टोके , कोई रोके
अपने जिद्द को एक आयाम दिया है
लाख मूंह फेरे अब दुनिया, मैंने खुद को
मान दिया है
मैंने खुद को सम्मान दिया है ।

कल तक घुटन थी सांसों में
आज उसे ही साहस से आवाज दिया है

खुद से खुद की खुशियों का वादा कर
मैंने खुद को सम्मान दिया है ।

हर बार खामोशी को सहमति बनाया ,
अब मैनें इन्कार किया है
कटाक्ष कितना भी गहरा हो , गलत को
गलत अब मान लिया है
हर किए गये समझौते के लिए , मैंने खुद
से माफी मांग लिया है
मौन नहीं, खुद को आवाज दे , मैनें खुद
का सम्मान किया है ।

सीख लिया मैंने, अब यह हर पीढ़ी को
समझाना है
हर प्रसंशा सम्मान नहीं होता है
कुछ जख्म , तारिफें पाकर भी रोता हैं

अब मैंने अपने मन को मान दिया है
हां , सहनशीलता को छोड़ - मैंने खुद को
सम्मान दिया है ।।

# 18. जो मैंने चुपचाप जिया

आज आजादी के इस उन्मुक्त परिवेश में
तारीफों की तत्परता है
साथ जुट गये अब ढेरों हाथ , कारण
सिर्फ आत्मनिर्भरता है
साहस का कोई विकल्प नहीं , मैंने यह
पहचाना है
दिन वो काफी मुश्किल थे , दर्द में भी
मुस्काता था
जो मैं ने चुपचाप जिया वहीं सही जीवन
का वही- खाता था ।

मेरी खामोशी के हर पन्ने पे , टूटी हुई एक

ख्वाहिश थी
मुस्कान लिए हर पल होठों पे , दर्द को
शब्दों में उतरने ना दिया
आज जो तारीफें और मिसाल में जो
शामिल हूं
हंसते थे वहीं लोग जो कहते थे मैं सिर्फ
चौके के लायक हूं
वो वक्त उपहास के , किसी ने ना याद
किया
वो वक्त जो मैंने चुपचाप जिया ।

आज शोर ठहाकों की जो सुनकर आयी
थी
मुझे पता है अंदर कई शिकायते, कई
इर्ष्या मन में समाई थी
जो लोग खुशी में दिखाते हैं , महज एक

तमाशा है
इन हंसी से कहीं ज्यादा , मेरी
खामोशियों में सच्चाई थी ।

कैसा रहा सफर यह मेरा , उसका कोई
अनुवाद नहीं
यह सफर तो अपमान से मिले हर ज़ख्म
का महज एक जवाब था
उस पर को बार बार जीना है जो मेरी हर
आंसू का गवाह था
जो मैंने चुपचाप जिया, वो तन्हाई बोझ
नहीं
दर्द था , पर वह दर्द भी मेरे एक हिस्से
का पहचान था ।।

# 19. कृतज्ञ हृदय

मां की ममता का विस्तृत आंचल
पिता का स्नेह और अटल यकीन
हमसफ़र का मजबूत साथ यहां
दोस्तों का अटूट विश्वास का बन्धन,
दिल की धड़कन पे बिना स्याही लिखा है
कृतज्ञ हृदय आज ईश्वर समक्ष निस्वार्थ
भाव से झूका है ।

जो मिला , ईश्वर का ही तो उपकार है
जीवन के खट्टे-मीठे अनुभव, ईश्वर का
उपहार है ।
उन हाथों को, उन कंधों को जिसने कभी

साथ ना छोड़ा
मुश्किल से मुश्किल था पे रूकने ना
दिया
मन जानता है , हम धरती पे कुछ वर्षों के
लिए अपने किरदार निभाते हैं
जीवन के इस रंग मंच पे पटकथा तो
लिखकर आते हैं
बस नम आंखों से मेरा दिल फुसफुसाता
है
"जो मिला , बहुत मिला "
कृतज्ञ हृदय हर साथ को सच्चे मन से
आभार कहता है ।।

# 20. बदलाव से डरो नहीं

बदलाव से डरो नहीं, ठिठक कर रूको
नहीं
बदलाव नवीनता का आगाज है
बदलाव हीं तो तरक्की की पहचान है
हमें हर किरदार में नवीनता से अवगत
रहना है
नयी पद्धति और नयी तकनीकों को
जीवन में सम्मिलित करना है
बदलाव हीं तो नयी शुरूआत है ,
आत्मनिर्भरता ओर बढ़ते कदम और
आत्मविश्वास है ।

सुबह की सुनहरी धूप जैसे तन-मन को
सुकून की ऊष्मा देती है
वहीं धूप दोपहर में भट्ठी सी हमें जलाती
है
शाम की हल्की मद्धिम धूप राहत की
रोशनी फैलाती है
देखो तो एक दिन की सुबह-शाम और
रात पूरे जीवनकाल को दर्शाती है ।
बदलाव प्रकृति का प्रथम नियम है , हम
इसे स्वीकार करना है
हर बदलाव को खुश से अपनाना है ।

हर पुरानी सोच को पीछे छोड़, कुछ नया
सीखना है
हर बदलाव से अवसर निकाल, एक नई

लकीर खींचना है
सीखने को आधार बनाएं, बदलाव पहली
सीढ़ी है
हर एक पद्धति और नयी तकनीकों को
सीखकर कहें
हम भी नयी पीढ़ी हैं ।।

# 21. ढल रही शाम है

कई पुरानी यादों ने धीमे से कंधे पे हाथ
रखा है
इससे गहरा अहसास और स्पर्श दूसरा
मुझे कहीं नहीं मिलता है
हवा में घुलकर वो रंगीन पंखों सी ,
कितने अनकहे दर्द जग जाते हैं
गहरी सांसें भी अब नर्म आह से गुजर
अब सुकून को पाते हैं
शाम ढल रही है , मन की हलचल अब
थम रही है
बाहें खोल हवा के संग बह बह जाओ ,
कह रहीं हैं।

क्षितिज के उस पार हर गणित अब शुन्य
है
जाना है मुझे भी उस पार अब चाहत है
सो जाने की
पर क्यों दिल आज भी सोच में कुछ गुम
सा क्यों है
हर संघर्ष को आयाम दिया , फिर भी हर
हासिल का रंग थोड़ा कम क्यों है।

ढल रही है शाम , धीरे जलने को हैं
खामोशी है अंदर , ठंडी हवाओं में सुकून
भी और दर्द भी शामिल हैं
पर मन ना उदासी है , कोई टीस भी जमीं

नहीं है

जो है बस अब उड़ान को विराम है ।।

www.ingramcontent.com/pod-product-compliance
Lightning Source LLC
Chambersburg PA
CBHW070647240926
51846CB00003BA/809
*9789375279280*